AF129996

4 X Pièce 95

La Lecture

APPRISE

Sans Maitre

PAR

M. F. Chapelle

OFFICIER D'ACADÉMIE

PARIS
G. JAUCHÊNE, PAPETIER
184, Rue de Rivoli, 184

SAINT-ÉTIENNE
CHEVALIER, LIBRAIRE
4, Rue Gérentet, 4

OUVRAGES DE M. F. CHAPELLE

HONORÉS DE PLUSIEURS RÉCOMPENSES AUX EXPOSITIONS

GUIDE-PRATIQUE DES JEUX D'ALPHABETS

à l'usage des mères de famille . . . . o fr. 10 c.

(N'achetez jamais de *Jeux d'alphabets* qui ne seraient pas accompagnés du *Guide-Pratique,* à l'usage des parents; autrement, les Jeux ne serviraient pas plus à amuser qu'à instruire.)

NOUVELLE MÉTHODE DE LECTURE

ou *Syllabaire rationnel,* pour apprendre rapidement la lecture et l'orthographe d'usage, cinquième édition. . . . . o fr. 50 c.

GUIDE-PRATIQUE DE LA NOUVELLE MÉTHODE DE LECTURE

à l'usage des instituteurs et des mères de famille. . . . . o fr. 10 c.

TABLEAUX DE LECTURE

pour l'enseignement mutuel ou collectif, 9 tableaux très grands. . . 2 fr. 50 c.

LECTURES CHOISIES DU PREMIER AGE

pour faire suite à la *Nouvelle Méthode de Lecture,* in-8°, cartonné, dos en toile. 1 fr.

GRAMMAIRE RATIONNELLE DU PREMIER AGE

in-8°, cartonné, dos en toile . . . . 1 fr.

(Cet ouvrage, entièrement nouveau, et composé d'après les découvertes de la linguistique les plus récentes, est accompagné d'un lexique très intéressant.)

LE CHAPELON

Jeu propre à l'enseignement des éléments du calcul, cartonnage chagriné et doré, avec boîte contenant deux dés et quatre marquets colorés . . . . 3 fr.

Edition populaire non chagrinée . . . . 2 fr.

NOUVEAU CASSE-TÊTE CHINOIS

Ce jouet, naturellement très propre à l'enseignement des principes de la géométrie, a été enrichi de dessins très nets et très curieux qui en font un jouet réellement nouveau et fort intéressant. C'est le passe-temps indispensable des longues veillées de l'hiver . . . . o fr. 65 c.

En vente chez M. CHEVALIER, libraire, 4, rue Gérentet, Saint-Etienne (Loire).

Ou chez M. JAUCHÊNE, *papetier, 184, rue de Rivoli, à Paris.*

LA LECTURE
APPRISE
SANS MAITRE

R.F. IMPRIMÉS

PAR

M. F. CHAPELLE

OFFICIER D'ACADÉMIE

PARIS
G. JAUCHÊNE, PAPETIER
184, Rue de Rivoli, 184

SAINT-ÉTIENNE
CHEVALIER, LIBRAIRE
4, Rue Gérentet, 4

Tous droits de propriété sont expressément réservés, pour la reproduction de la présente méthode, tant en France qu'à l'étranger, sur des tableaux fixes ou mobiles ; sur tous papiers, cartons, toiles, linges, boiseries ou murailles, jeux de patience, boîtes ou enveloppes de bonbons, etc., etc.

Tout exemplaire non revêtu de la griffe de l'auteur sera réputé contrefait.

H. Chapelle

DÉDICACE

Aux véritables, c'est-à-dire désintéressés
amis de l'instruction
je dédie ce livre,
fruit d'une longue expérience.
Puissent tous ceux qui ont charge
de jeunes âmes,
pères, mères, instituteurs, institutrices,
voir adoucir par lui,
ainsi que je l'espère,
les peines qui découragent souvent
les maîtres comme les élèves,
au seuil même de l'enseignement !

F. CHAPELLE.

INSTRUCTION IMPORTANTE

Mères de famille, trop occupées, trop impatientes ou trop indolentes pour vous charger de l'instruction de vos enfants, c'est à vous que ce livre s'adresse. Grâce à lui, vous n'aurez qu'à apprendre à vos chéris le nom de chaque être ou objet qui y est représenté, et un seul moment de loisirs, de calme ou de bonne volonté suffira à cette tâche légère. Ce faisant, vous aurez déjà donné une utile leçon de choses. Et, la leçon de choses terminée, vos enfants n'auront plus besoin de votre concours pour apprendre à lire, et ils vous épargneront, par conséquent, bien des mouvements d'impatience, presque toujours d'un très fâcheux exemple dans la famille. Ils n'auront, en effet, qu'à répéter, seuls, les noms des divers objets représentés dans l'album, en marquant, par une articulation nette et lente, chaque syllabe de ces noms imprimés au-dessous des dessins.

Ce travail, qui est plutôt un jeu, les enfants peuvent le faire seuls, parce que le dessin leur donne lui-même l'énonciation des mots, à la place du maître absent ; de plus, ils peuvent le faire, à volonté, quand il leur plaît, ce qui est très propre à augmenter l'attrait et les résultats de l'étude. De la sorte, en peu de jours, les charmants élèves deviennent assez forts en lecture pour aborder, avec confiance et goût, un livre de principes plus sérieux, plus *grammatical,* si l'on aime mieux, tel, en un mot, que notre *Syllabaire rationnel.*

Ce dernier point est important. Une fois la peur des livres et des premières difficultés de la lecture écartée, il faut bien se garder de supprimer l'étude des principes, sinon on s'expose à faire croire à l'enfant que tout peut s'apprendre en jouant, et à lui inculquer par là l'habitude des études superficielles, conduites à la légère ; en outre, l'enfant court le risque de ne jamais pouvoir lire correctement toute espèce de mots. En somme, il ne faut pas l'oublier, ce livre n'est fait que pour décharger la faiblesse des mères et inspirer aux enfants le goût de l'étude, en rendant ses débuts faciles et attrayants.

La connaissance complète de la lecture s'acquerra après l'étude de ce livre, et au moyen d'autres livres plus complets eux-mêmes, au point de vue de l'enseignement qui nous occupe ici.

Saint-Etienne, le 15 août 1888.

F. CHAPELLE.

Le se.meu.r se meut.
e se meu se meu

P.leu.rs de p.leu.t.re.
leu e leu e

Chœu.r. de cœu.rs.
cœu e cœu

Peu.p.le de peu.
peu e e peu

Te.neu.r de nœuds.
e neu e neu

F.leu.r qui ne f.leu.re (bluet).
leu e leu e

Heu.res heu.reu.ses.
eu re eu reu e

Le feu de feu.rre.
e feu e feu e

Mœu.r.s de meu.te.
meu e meu e

De.meu.re d'Eu.des.
de eu e deu de

Le c.reux a.ff.reux.
reu reu

P.reu.ves de p.reux.
reu e e reu

Le bœu.f beu.g.le peu.
e beu beu e eu

Queue de che.veux.
eu e e eu

Jeu de jeu.nes gens.
jeu e jeu e

Œu.v.re de gueux.
eu e e eu

Sœu.r Y.seult seu.le.
seu zeu seu e

Veu.ve veu.le.
veu ve veu e

La ca.va.l.ca.de.
a ca a ca

La ba.r.ba.ca.ne.
a ba ba a

B.ra.ves ca.ma.ra.des.
ra a a ra

Ba.va.r.da.ge ba.na.l.
ba a a ba a

La b.la.guc à ta.bac.
la la a a a

Ga.rc la ba.ga.rre!
ga a a ga

Lc fa.na.l b.la.fa.rd.
fa a a fa

Ca.ra.va.ne a.ra.bc.
a ra a a ra

La ga.r.de-ma.la.de.
la a a la

Ba.ga.ges à la ga.re
a ga a a ga

Ca.ra.fe de Ba.cca.rat.
ca ra a ca ra

Re.pas d'a.ppa.rat.
pa a pa a

L'A.t.la.s se la.sse là.
la la la la

Ma.la.rt. à la ma rc.
ma la a la ma

Pa ssa.ge de pa.cha.
pa a pa a

La sa.va.ne va.s.te.
a a va va

A.na.nas à A.nna.
a na na a a na

Cha.r.ge de cha.r à b.ras.
cha cha a a

Chi.mi.s.te p.ri.mi.ti.f.
i mi i mi i

Mi.li.ce ci.vi.que.
i i i i

Di.sci.p.li.ne ri.gi.de.
i i i i i

Le Mi.ssi.ssi.pi ra.pi.de.
i si si pi pi

Ti.gc d'i.ri.s fleu.ri.
i i ri . ri

Ce si.te-ci se ci.te (Alpes).
si si si

Vi.si.te de vi.zi.r.
vi zi vi zi

Di.s.ti.lle.rie a.c.ti.ve.
i ti i ti

L'a.gi.le Vi.r.gi.nie.
gi i gi i

A.vis di.ffi.ci.le à li.re.
i i i i i

Le my.r.te si my.s.ti.que.
mi i mi i

Ty.pe de ti.mi.di.té.
ti ti i i

C.ri.c.ri g.ris c.ri.a.rd.
ri ri ri ri

Si.ni.s.t.re ma.ri.ti.me.
i i i i

Phi.li.ppi.ne p.rie.
fi i pi i

Sy.l.vie lit le li.v.re.
i i li li

Le bi.cy.c.le de Cy.ri.lle.
i ci ci i

La li.gne i.lli.si.b le.
li i li i

Geo.r.ges a jo.lie go.r.ge. jo jo o	Le co.r so.no.re so.nne. o so o so	L'o.do.rat d'Ho.no.rat. o do do o
Lo.co.mo.bi.le mo.t.ri.ce o o mo mo	Ho.ro.s.co.pe co.mi.que. o o co co	Co.que.ri.co de co.q. co co co
Ro.do.l.phe do.rt t.rop. ro do do ro	Le phi.lo.so.phe s'i.so.le. o zo zo	Fo.r.te f.lo.tte à f.lot. o lo lo

Nos do.mi.nos d'o.s.
no do no do

Lo.co.mo.ti.ve co.mmo.de.
o co mo co mo

Ho.r.lo.ge ro.co.co.
o o o co co

Po.se de pho.que du pô.le.
po fo po

Mo.no.lo.gue no.b.le.
o no o no

Cro.co.di.le à g.ros c.rocs.
ro o ro ro

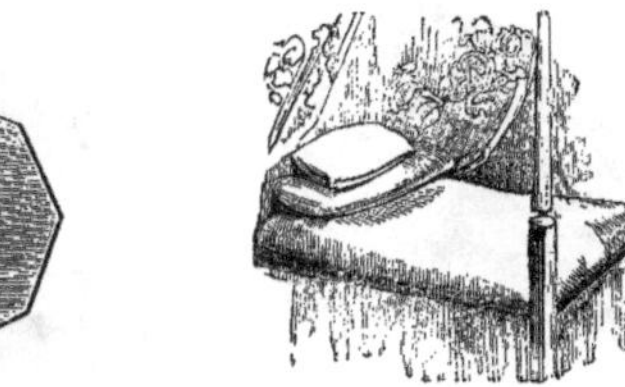

Co.rps de co.lo.sse ro.gue.
co co o o

Fo.r.me oc.to.go.na.le.
o o o o

Le do.do de To.to.
do do to to

Deux mô.les no.r.maux.
mô o mô

La.va.bo à beaux to.r.ses.
bô bô o

Ro.seaux à rhi.zo.me.
o zô zô

L'eau bo.r.de St-Malo.
lô o lô

L'a.pô.t.re pau.v.re so.rt.
pô pô o

Hô.tes de hau.te so.r.te.
ô ô o

F.rau.de qui f.rô.le le vo.l.
rô rô o

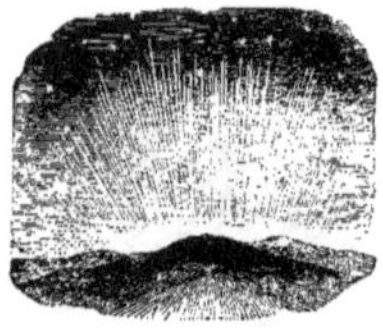

Au.ro.re au pôle nord.
ô o ô ô o

Sau.le ho.rs de la Saô.ne.
sô o sô

Vo.le.reaux à leu.r rô.le.
o rô rô

Ce ca.veau vaut le vô.t.re.
vô vô vô

Mau.ry do.nne l'au.mô.ne.
mô o ô mô

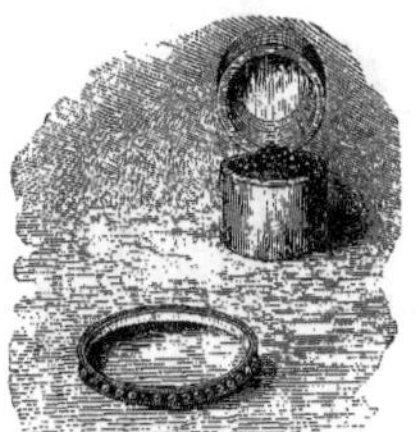

A.nneau co.mme le nô.t.re.
nô o nô

Dô.me à Bo.r.deaux.
dô o dô

P.la.teau de bo.nne tô.le.
tô o tô

Châ.teau-fo.rt tôt p.ris.
tô o tô

Chau.me qui ne chô.me pas.
chô chô

Cô.tes a.cco.res de Caux.
cô co cô

Le chau.me c.los chau.ffe. chô o chô	L'o.r.meau du ha.meau. o mô mô	L'au.ge lo.ge de l'eau. lô lo lô
Tau.reau au c.ri rau.que. ô rô ô rô	Co.r.beau à beau po.r.t. o bô bô o	Cha.meau mau.re so.b.re. mô mô o
F.ri.po nneau fi.naud. o rô nô	C.lau.de po.r.te la b.lau.de. lô o lô	Che.vaux a.lo.rs ri.vaux. vô o vô

La.rro.nneau pe.naud.
o nô nô

Vi.t.raux clau.s.t.raux.
rô ô rô

Mo.r.ceaux de sau.ci.sses.
o sô sô

A.ssaut de sau.va.ge sot.
sô sô o

Pot à eau fo.rt haut.
o ô o ô

C.ra.paud à peau mo.lle.
pô pô o

P.la.teau po.r.te-gâ.teau.
tô o tô

Si.gnaux nau.ti.ques hauts.
gnô nô ô

Ra.deau à f.leu.r d'eau.
dô dô

R.F. IMPRIMÉS

Mû.re t.rop mû.re su.rit.
mu mu u

Ju.les a.ju.s.te ju.s.te.
ju ju ju

Ma.nu.fa.c.tu.re nue.
nu u nu

Le tu.mu.l.te a.mu.se.
u mu mu

La b.ru.te se rue su.r eux.
ru ru u

S.cu.lp.tu.res, s.ta.tues.
u tu tu

Fu.mu.re qui se fu.se.
fu u fu

Vo.lu.me de lu.xe peu lu.
lu lu lu

La cu.l.tu.re o.ccu.pe.
cu u cu

U.ne bu.tte tu.mu.lu.s.
u u u u u

La fi.gu.re lu.gu.b.re.
gu u gu

Le bu.ff.le re.pu a bu.
bu u bu

U.ne i.ssue su.r la rue.
u su su u

U.ne ru.p.tu.re qui tue.
u u tu tu

Cu.l.bu.te de bu.to.r.
u bu bu

Vue d'a.ve.nue co.nnue (S[t]-Cloud).
u nu nu

L'u.r.ne lu.xu.eu.se.
lu lu u

Hu.re de ru.de ru.s.t.re.
u ru ru

Lou.s.ti.c ou fi.lou.
lou ou lou

Où le ca.ou.t.chouc pou.sse.
ou ou ou ou

Tou.tou tout à tous.
tou tou tou tou

Cou.rroux cou.pa.b.le.
cou ou cou

Le cou.cou ne cou.ve pas.
cou cou cou

Le jou.jou du jou.r.
jou jou jou

Tout au.tou.r de la tou.r.
tou tou tou

Tou.r.lou.rou ba.lou.rd.
ou lou ou lou

Le doux t.rou.ba.dou.r.
dou ou dou

Bout du cou.rs du bou.rg.
bou ou bou

Pou.r.tou.r de pou.pe.
pou ou pou

Soue à pou.r.ceaux soûls.
sou ou sou

Joug tou.jou.rs lou.rd.
jou ou jou ou

Loup de ve.lou.rs cou.rt.
lou lou ou

Moue de mou.ta.rd mou.
mou mou mou

Hou.ppe à pou.d.re dou.ce.
ou ou ou

Bou.r.se à dou.b.le bout.
bou ou bou

Fou.le de fous a.ccou.rue.
fou fou ou

Le cu.ré vé.né.ré.
ré é é ré

La fée p.ré.fé.rée.
fé é fé é

Bé.bé ché.ri, bé.ni.
bé bé é bé

F.ré.ga.te a.ff.ré.tée.
ré ré é

Pé.ta.les é.ta.lées.
é é é

E.pa.ves é.chou.ées.
é é é

Le lé.vri.er lé.ger.
lé é lé é

Ro.cher é.bré.ché.
ché é é ché

Dé.fi.lé a.c.cé.lé.ré.
é lé é lé é

T.ré.pied dé.co.ré.
ré é é ré

L'é.tri.er é.vi.dé.
é é é é

Le mé.né.tri.er s'a.ssi.ed.
é é é é

Sé.vé.ri.té à é.vi.ter.
é é té é té

Tro.phée pri.vé d'é.pées.
fé é é pé

Cé.ta.cé à dé.pe.cer.
sé sé é sé

Gé.né.ral de gé.nie à pi.ed.
gé é gé é

Vé.gé.tal vé.né.neux (ciguë).
vé é vé é

F.ré.dé.ric ré.f.lé.chit.
ré é ré é

La co.lè.rc po.pu.lai.re.
lè lè

Le mé.lè.ze lè.ve la tê.te.
lè lè è

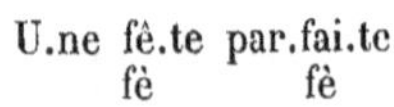

U.ne fê.te par.fai.tc.
fê fê

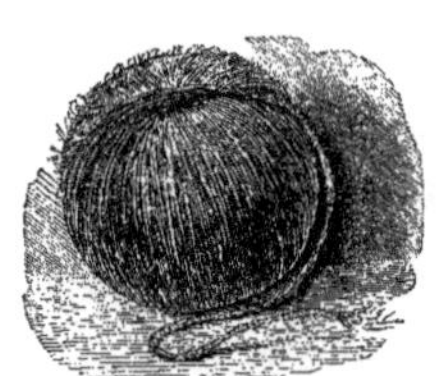

La lai.nc d'Hé.lè.ne.
lè lè

L'é.vè.que sé.vè.re.
vè vè

Le so.li.tai.re au.s.tè.re.
tè tè

Le p.rêt tout p.rêt.
rê rê

U.ne pai.re de pê.ches.
pè pè

Chai.re de chê.ne chè.re.
chè chè chè

Le maî.tre gé.o.mè.tre.
mè mè

U.ne scè.ne t.rès sai.ne.
sè è sè

Le cra.tè.re dé.lé.tè.re.
tè tè

Le rai.fort t.rès fort.
rè rè

U.ne tê.te hau.tai.ne.
tè tè

La fou.gè.re lé.gè.re.
gè gè

La si.rè.ne se.rei.ne.
rè rè

P.rê.tre qui va p.rê.cher.
rè rè

Bê.tes qui bê.lent (Brebis).
bè bè

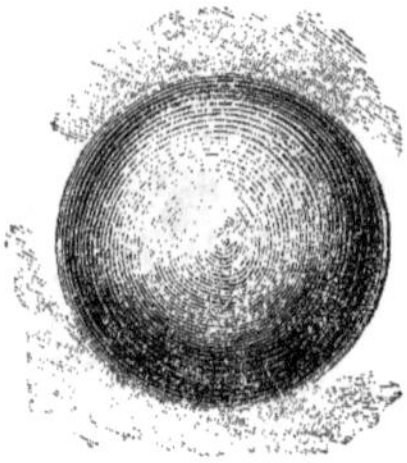

S.phè.re de fer qui pè.se.
fè fè è

Le guet guè.re gai.
guè guè guè

L'i.v.res.se t.raî.t.res.se.
rè rè rè

Des per.ru.ches per.chées.
è pè pè

Ai.r de pré.fet sa.tis.fait.
è fè fè

P.res.by.tè.re t.rès f.rais.
rè è rè rè

Le cher f.rè.re Eu.cher.
chè è chè

Le ren.ne t.raî.ne au t.rait.
rè rè rè

Les ter.res so.li.tai.res.
è tè tè

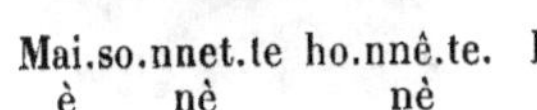

Mai.so.nnet.te ho.nnê.te.
è nè nè

La.quais fi.er et co.quet.
què è è què

Pè.che des v.raies per.les.
pè. è è pè

Vai ssel.le de ter re.
è è è

L'ai.rel.le ai.gre.let.te.
lè è è lè

La mer a.mè.re à mer.ci.
mè mè mè

Bel.le bê.te ber.bè.re.
bè bè bè bè

Le cher pè.re Pros.per.
è pè pè

Le né.ces.sai.re ser.re.
sè sè sè

Pan.se pen.dan.te. pan pan an	En.se.men.ce.ment. an man man	Vol.can in.can.des.cent. can can an
Chant dans les champs. chan an chan	Tan.che d'é.tang ten.dre. tan tan tan	Tam.bour ba.ttant à temps. tan tan tan
Clé.ment co.mman.dant. man man an	Ser.pent ram.pant. pan an pan	Bâ.ti.ment bra.vant le vent. an van van

Dan.sant en ca.den.ce.
dan an an dan

Dé.fen.ses d'é.lé.phant.
fan fan

Gants é.lé.gants à gan.se.
gan gan gan

E.lan s'é.lan.çant.
lan lan an

Gens chan.geant l'ar.gent.
jan an jan jan

Sa.vant fer.vent li.sant.
van van an

Ange char.mant en.vo.lé.
an an an

Jam.be ban.dée de Jean.
jan an jan

Hor.ten.se en a.tten.te.
tan an tan

Nain bé.nin à p.lain.dre.
nèn nèn èn

Fin de faim pas fein.te.
fèn fèn fèn

Ma.rin à reins d'ai.rain.
rèn rèn rèn

Saint ca.pu.cin ceint.
sèn sèn sèn

Mains de maint hu.main.
mèn mèn mèn

Mou.lin p.lein de g.rains.
lèn lèn èn

Ga.mins bi.en i.nhu.mains.
mèn èn mèn

Des tim.bres tein.tés.
tèn tèn

Bains ur.bains peu sains.
bèn bèn èn

Le pou.lain de Pau.lin.
lèn lèn

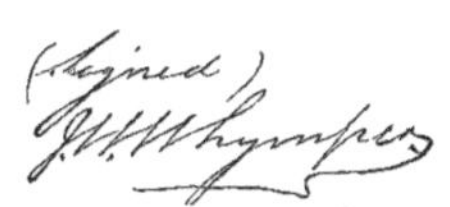

Seing de des.sin sim.ple.
sèn sèn sèn

Es.saim de pou.ssins.
sèn sèn

Ra.pin en.fin pein.tre.
pèn èn pèn

Cou.ssin de sim.ple ba.sin.
sèn sèn zèn

T.rain de p.rin.ce vain.
rèn rèn èn

Le gin.dre va gein.dre.
jèn jèn

C.rin.c.rin qui g.rin.ce.
rèn rèn rèn

Mâ.tin c.raint de Mar.tin.
tèn èn tèn

Bon jam.bon de co.chon.
bon bon on

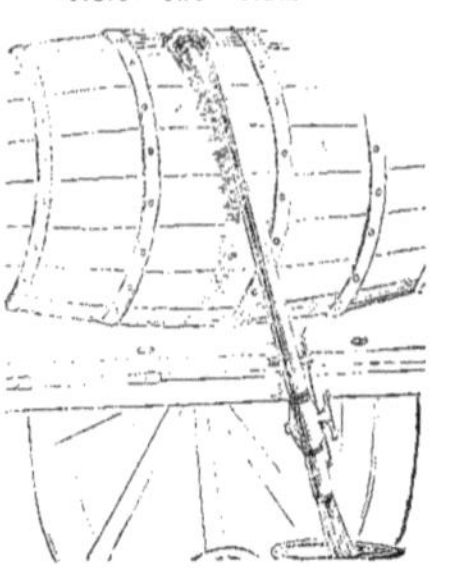

Pom.pe-si.phon à fond.
pon fon fon

Un fla.con à par.fums.
eun on eun

Un mon.s.tre i.mmon.de.
eun mon mon

Un em.brun im.por.tun.
eun eun eun

Les co.mmuns hum.bles.
eun eun

Un lom.bric a.llon.gé.
eun lon lon

Con.com.bre à con.fi.re.
con con con

Com.pa.gnons de le.çon.
con on son

Saint-Etienne, imp. Théolier et Cie, rue Gérentet, 12.

Tom.be du dé.funt O.thon.
ton eun ton

Tron.çon de ci.tron.
tron on tron

Ton.te d'un mou.ton.
ton eun ton

Fond de pri.son som.bre.
on zon son

Fil à p.lomb d'a.p.lomb.
lon lon

Le comp.ta.ble a.ccom.pli.
con con

Va.llon long et pro.fond.
lon lon on

Ma.çons à fa.çon con.tents.
son son on

Des ca.nons en nom.bre.
non non

Saint-Étienne, imp. Théolier et Cie, rue Gérentet, 12.

www.ingramcontent.com/pod-product-compliance
Lightning Source LLC
LaVergne TN
LVHW012022160826
845678LV00002B/978
9782329649108